ERSTLESER

Das alte Ägypten

Ravensburger

Konzept und Text: Sandra Noa
Illustration: Peter Friedl

Fachliche Beratung: Prof. Dr. Wilfried Rosendahl,
Lukas Bohnenkämper

Layout: Katrin Kleinschrot und Marion Köster
Satz: Katrin Kleinschrot

1 3 5 4 2

Postfach 2460 • D-88194 Ravensburg

Printed in Germany

ISBN 978-3-473-60046-5

ravensburger.com
www.wiesoweshalbwarum.com

MIX
Papier | Fördert gute Waldnutzung
FSC® C111262

Inhalt

Wie war das Leben im alten Ägypten?

Wie alt ist das alte Ägypten?

Das alte Ägypten war ein großes Reich.
Es entstand vor etwa 5000 Jahren
in Nordafrika.
Fast 3000 Jahre lang
blieb es bestehen.
Der Fluss Nil sorgte
in der Wüstenlandschaft
für ausreichend Nahrung
und Wasser.

Oft herrschten Reichtum und Frieden.
Manchmal gab es aber auch Kriege
und fremde Herrscher.
Am Ende siegten die Römer
über das alte Ägypten.
Ab da gehörte das mächtige Land
Tausende Jahre lang
zum Römischen Reich.
Heute ist Ägypten wieder
ein eigenständiges Land.
An vielen Stellen erinnern
Bauten und Ausgrabungen
an frühere Zeiten.

Bis heute sind Bauwerke erhalten und locken Besucher an.

Tempel von Abu Simbel

Wer herrschte im alten Ägypten?

Herrscher war der Pharao.
Er wurde ernannt,
nicht vom Volk gewählt.
Wenn er starb,
wurde meist sein ältester Sohn
zu seinem Nachfolger.

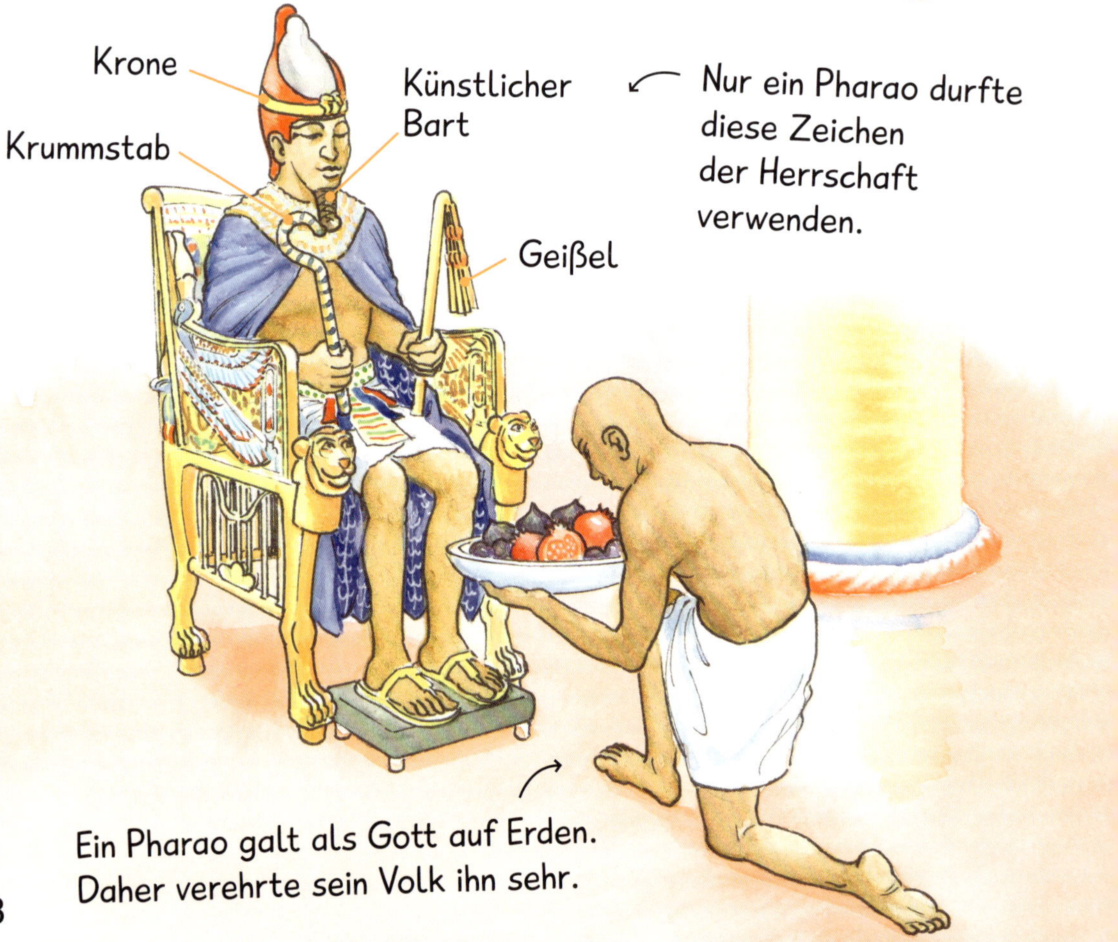

Nur ein Pharao durfte diese Zeichen der Herrschaft verwenden.

Ein Pharao galt als Gott auf Erden.
Daher verehrte sein Volk ihn sehr.

Bis heute sind Statuen der Pharaonen erhalten.

Ramses der Große

Ein Pharao erließ Gesetze
und befehligte das Heer.
Auch brachte er den Göttern Opfer,
damit sie Ägypten weiter beschützten.
Viele kluge Menschen
unterstützten den Pharao,
zum Beispiel der Wesir.
Er beaufsichtigte oft
den Bau von Tempeln und Pyramiden.
Fürsten, Beamte und Schreiber
sorgten in den Landesteilen
für Recht und Ordnung.

Wie viel Macht hatten Frauen?

Im Laufe der Zeit
gab es sehr viele Pharaonen.
Die meisten waren Männer,
zum Beispiel Ramses der Große.
Frauen hatten eher indirekt Einfluss:
Manche berieten die Pharaonen,
so wie Nofretete.

Nofretete war wahrscheinlich nach dem Tod ihres Mannes selbst Pharaonin.

Doch es gab auch Frauen,
die es auf den Thron schafften.
Zu ihnen gehörte Hatschepsut.
Sie regierte etwa 20 Jahre lang.
Unter ihr herrschte Frieden
und die Menschen lebten
in Wohlstand.
Die heute berühmteste Pharaonin
ist wohl Kleopatra.
Während ihrer Herrschaft
ging das alte Ägypten unter,
obwohl sie alles tat,
um das zu verhindern.

Hatschepsut

Kleopatra

Bilder auf der Tempelmauer zeigten Götter und wichtige Ereignisse.

Woran glaubten die alten Ägypter?

Die Ägypter glaubten
an verschiedene Götter.
Ein Tempel war die Wohnung
von einer Göttin oder einem Gott.
Angeblich lebte der Gott auf der Erde
in einer goldenen Statue.
Diese stand im Tempel
am höchsten Punkt,
also über allem anderen.

Sonnengott Re
war als Schöpfer der Welt
der wichtigste Gott.

Göttin Isis war
sehr beliebt.

Nur der Pharao und Priester
durften den Tempel betreten.
Priester wuschen die Statue
und versorgten sie mit Essen.
Sie brachten Blumen und
schenkten ihr sogar Schmuck.
Dadurch sollte der Gott
sich wohlfühlen und Ägypten helfen.
Alle anderen Menschen kamen nur
bis zur Tempelmauer.
Dort beteten sie einfache Statuen an
und brachten ihnen Opfer.

Wie kleideten sich die Menschen damals?

Wegen der hohen Temperaturen bestand die Kleidung der Ägypter meist aus luftigem weißem Stoff.
Männer wickelten sich ein Tuch um die Hüften.
Frauen trugen Kleider.
Kinder liefen bis zum sechsten Geburtstag nackt herum.

Es war üblich, Jungs die Haare bis auf einen seitlichen Zopf abzurasieren.

Der Schmuck war meist aus Perlen und Edelsteinen.

Reiche Ägypter trugen Perücken und Sandalen.

Egal ob Frau oder Mann,
reiche Ägypter legten oft
farbenfrohen Schmuck an:
Ketten, Ohrringe und Armreife.
Außerdem schminkten sich
sowohl Frauen als auch Männer.
Für die kräftigen Schminkfarben
wurden Mineralien zermahlen
und mit Wasser oder Fett gemischt.

Leserätsel

1 Auf dieser Kette stehen vier Wörter.
Umkreise sie und
schreibe sie auf die Linien.

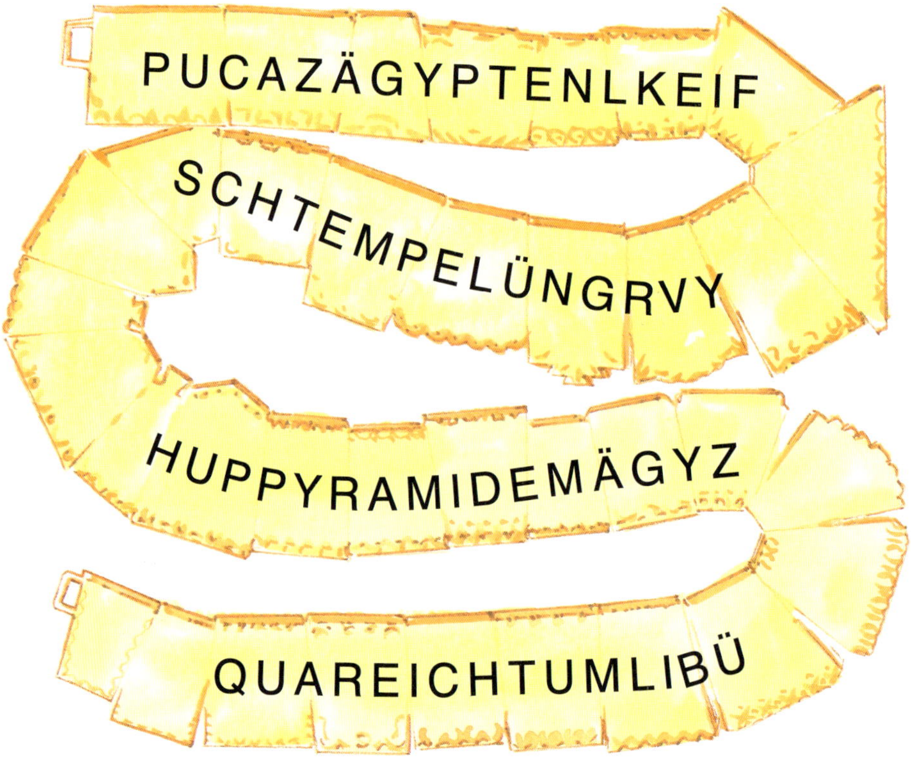

2 Ordne die Silben und schreibe die Wörter auf die Linien.

da   ka   scher

Nord   af   len

San   ri   Herr

____

____

____

3 Wo fehlen diese Buchstaben? Trage sie an der richtigen Stelle ein.

		A	R	A	O		
P	R			S	T	E	R
	E	S	I	R			
G	Ö			E	R		

TT

W

IE

PH

Welche Geheimnisse stecken in den Pyramiden?

Wozu gab es Pyramiden?

Pharaonen ließen
die berühmten Pyramiden
als Wohnort für ihr Leben
nach dem Tod errichten.
Vermutlich sollte die spitze Form
zu Stein gewordene Sonnenstrahlen
darstellen.
Die Form sorgte auch dafür,
dass die riesigen Gräber
bis heute halten.

Die erste Pyramide hatte Stufen. Sie ist das Grab von Pharao Djoser.

Noch immer stehen
über 100 Pyramiden
aus dem alten Ägypten.
Mit der beeindruckenden Größe
dieser Bauwerke
wollten die Pharaonen zeigen,
wie reich und mächtig Ägypten war.

Welche Pyramide ist die größte?

Am größten ist die Cheops-Pyramide.
Sie steht zusammen
mit weiteren Pyramiden
und Gräbern
in der Nähe der Stadt Giseh.
Die Cheops-Pyramide ist
nicht mehr so hoch
wie vor rund 4500 Jahren.
Trotzdem misst sie noch 139 Meter.

Pyramiden von Giseh

Ihre Grundfläche würde
ungefähr sieben Fußballfelder
bedecken.
Die Pyramide besteht aus
etwa 2,6 Millionen Steinblöcken.
Früher glaubten einige Leute,
dass niemals Menschen
so ein Bauwerk errichten konnten.
Sie behaupteten daher,
dass es von Außerirdischen stamme.

Vermutlich soll der Löwe mit Menschenkopf die Pyramiden bewachen.

Sphinx

Cheops-Pyramide

Ein einziger Steinblock ist fast so groß wie ein Erwachsener.

Wie entstanden die Pyramiden?

Der Bau war sehr mühsam.
Die Ägypter hatten
keine Kräne und Bagger.
Auch Räder kannten sie noch nicht.
Alles war Handarbeit.
Tausende Menschen schufteten
viele Jahre lang an einer Pyramide:
Architekten berechneten
auf den Zentimeter genau
Grundriss und Aufbau der Pyramide.

Viele halfen beim Bau,
weil sie den Pharao verehrten
und etwas zu essen bekamen.

Ein Steinblock konnte so viel wiegen wie ein Flusspferd.

Schiffsleute brachten Baumaterial.
Steinmetze formten Steinblöcke,
die auf Schlitten gezogen wurden.
Bauern und Arbeiter
stapelten die Blöcke.
Und der Wesir
überwachte den Bau.

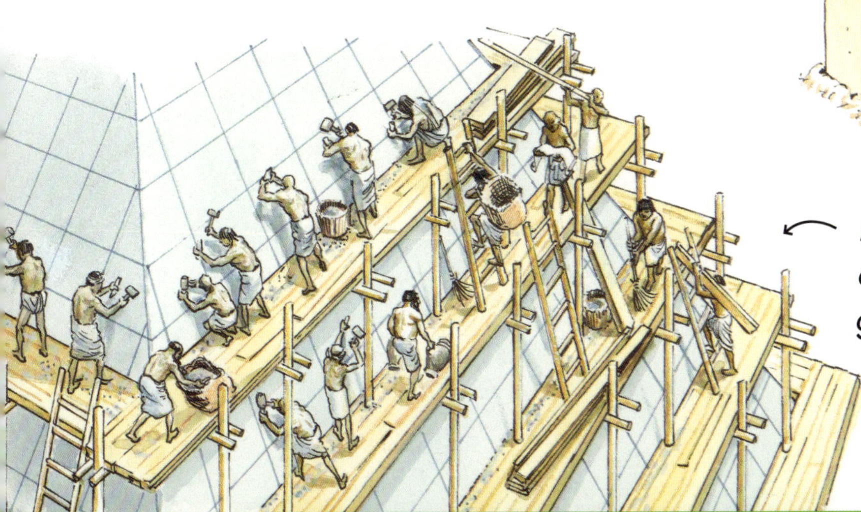

Außen wurde die Pyramide glatt geschliffen.

Was befand sich in einer Pyramide?

In einer Pyramide
sollte ein toter Pharao weiterleben.
Priester richteten alles
wie eine Wohnung ein.
Es gab Möbel, Kleidung, Schmuck,
sogar Essen und Trinken.
Der Pharao wurde
in der Grabkammer beigesetzt.

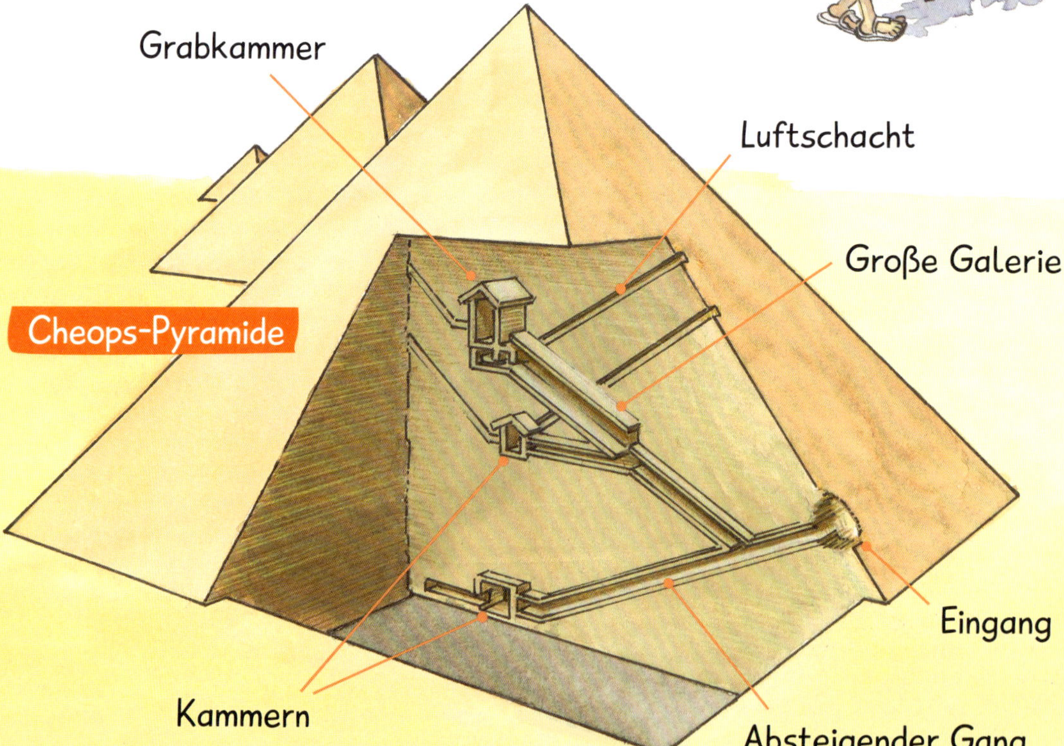

Kleine Statuen sollten im Jenseits schwere Arbeiten für den Toten erledigen.

Zur Grabkammer führten
viele Gänge und Schächte.
Sie waren meist sehr eng.
Niemand weiß genau,
warum es so viele davon gab.
Einige sollten wohl Eindringlinge
auf einen falschen Weg locken
und so den Pharao schützen.
Andere dienten der Belüftung.

Gebückt zogen Priester den Pharao zur Grabkammer.

Wie wurde ein Pharao zur Mumie?

Dem Glauben nach brauchte der Pharao seinen Körper für das Leben nach dem Tod.
Deshalb machten Priester ihn zur Mumie:
Zuerst wuschen sie seinen toten Körper gründlich.
Danach entnahmen sie das Gehirn und die Organe.

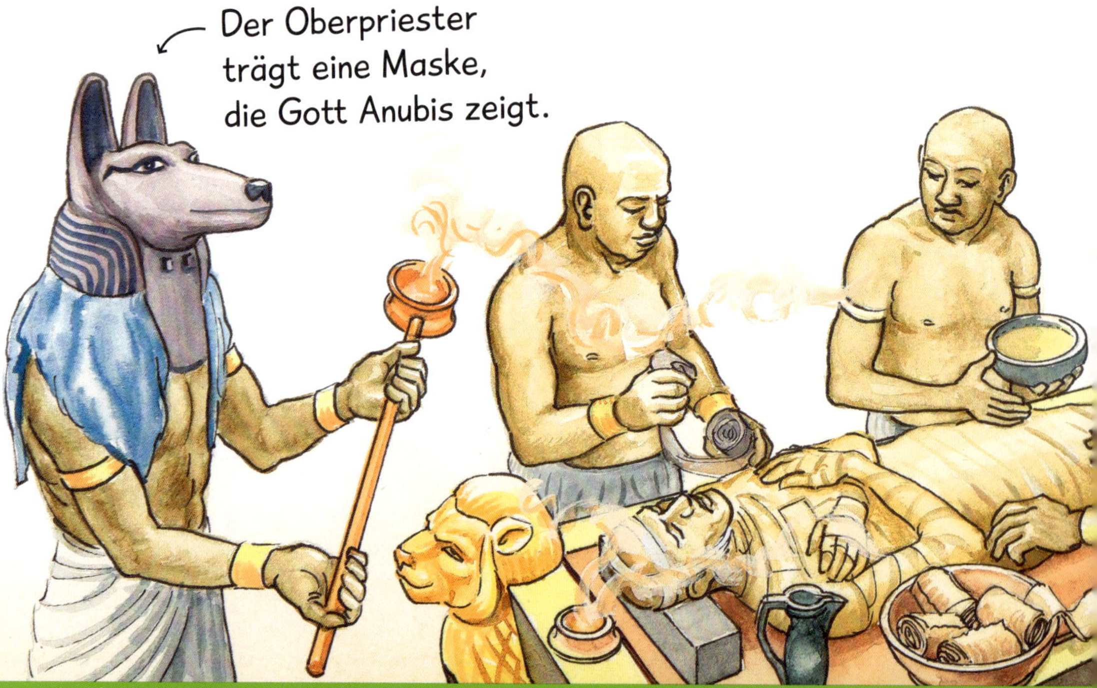

Sie legten den ganzen Körper in Salz.
Dadurch trocknete er aus und
konnte nicht mehr verwesen.
Nach 40 Tagen wurde der tote Pharao
einbalsamiert,
also mit duftenden Ölen und Harz
eingerieben.
Zum Schluss wurde
der ganze Körper
in Binden eingewickelt.

Mumien von Pharaonen
bekamen oft
eine Maske aus Gold.

Wurden nur Menschen zu Mumien?

Verschiedene Tiere
galten in Ägypten als heilig
und wurden Göttern zugeordnet.
Zum Beispiel standen Katzen für Bastet,
die Göttin der Sonne und Mütter.
Hunde wurden
mit Anubis in Verbindung gebracht,
dem Gott der Toten.

Bastet

Anubis

Zum Dank oder
bei einer Bitte an einen Gott
opferten Ägypter heilige Tiere.
Diese wurden von einem Priester
getötet und mumifiziert.
Einige Ägypter wollten,
dass auch ihre Haustiere
nach dem Tod weiterleben.
Sie legten Mumien ihrer Haustiere
mit ins Grab der Familie.

Horus war
der Himmelsgott.
Er wurde oft als Falke
dargestellt.

In diesem Sarg steckt
die Mumie eines Falken.

Leserätsel

1 Welche sechs Wörter haben sich in den Pyramiden versteckt? Schreibe sie auf.

2 Die Sätze beschreiben,
wie eine Mumie entsteht.
Welche Reihenfolge stimmt?
Schreibe die Zahlen in die Kreise.

- Er wird in Binden gewickelt.
- Sie entnehmen Organe.
- Er wird einbalsamiert.
- Priester waschen den Pharao.
- Der Körper trocknet.

3 Wie viele Silben haben diese Wörter?
Klatsche und trage die Zahl ein.

- opfern
- weiterleben
- Grabkammer
- tot

Welche Schätze lagen in den Gräbern?

Waren die Gräber wirklich sicher?

In ägyptischen Gräbern
schlummerte viel Wertvolles.
Die Beigaben waren
häufig aus purem Gold.
Von diesen Schätzen
wollten einige Ägypter etwas abhaben.

Sie verschafften sich
schon kurz nach der Bestattung
Zutritt zu den Gräbern.
Von dort nahmen sie
alles Wertvolle mit.
Manche der Grabräuber
kannten sich sehr gut aus.
Sie umgingen Fallen
und wussten von Geheimtüren.
Vermutlich hatten sie
beim Bau geholfen.

Grabräuber brachen
auch Särge auf
und wickelten Mumien aus.

Wie wurden Grabräuber bestraft?

Grabräuber waren Verbrecher.
Sie stahlen nicht nur
vom toten Pharao,
sondern beleidigten damit
auch die Götter.
Erwischten die Ägypter
einen solchen Dieb,
musste er vor Gericht.
Die meisten bekamen
als Strafe vermutlich Schläge
oder wurden hingerichtet.

Grabräuber wurden grausam bestraft.

Manchmal versuchten die Ägypter, das gestörte Grab auszubessern und die Mumien neu einzuwickeln. Weil es zu viele Plünderer gab, suchten die Ägypter später nach einem sichereren Ort. Statt in Pyramiden bestatteten sie die Pharaonen in Felsen im „Tal der Könige“. Doch auch dort beraubten Diebe fast alle der über 60 Gräber.

Die Gräber sind von hohen Felswänden umgeben.

Was geschah mit den geraubten Schätzen?

Die Grabräuber im alten Ägypten schmolzen das Gold aus den Schätzen, um damit reich zu werden.
Jahrhunderte später geraubte Mumien wurden an Reisende verkauft.
Diese nahmen sie mit nach Europa und feierten Mumien-Partys.
Sie luden Gäste ein und wickelten gemeinsam die Mumie aus.

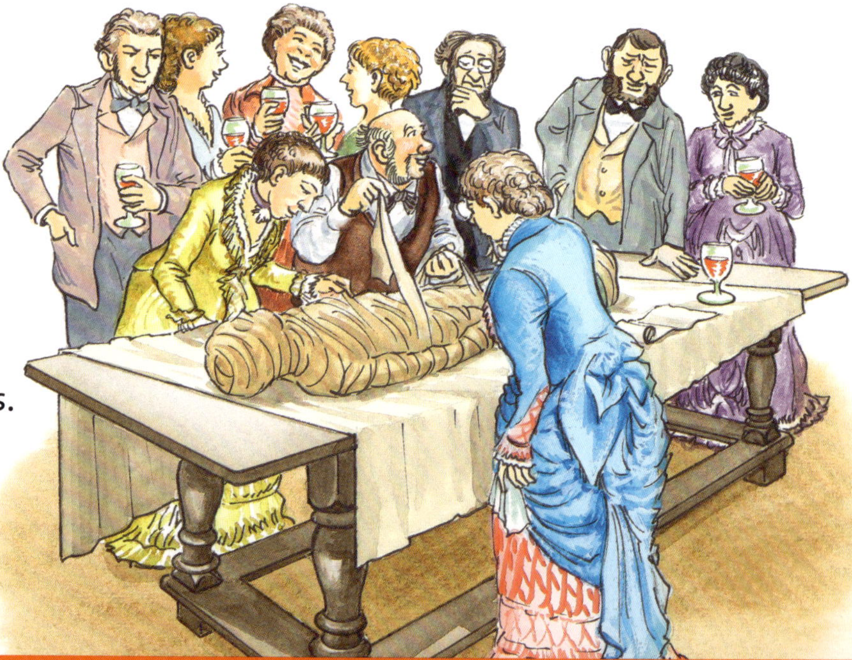

Respekt vor den Toten gab es nicht bei Mumien-Partys.

Mumienpulver wurde in Apotheken verkauft.

Pulver aus zerriebenen Mumien
galt auch lange Zeit
als Medizin für viele Krankheiten.
Aus diesen Gründen
gingen viele Schätze
für immer verloren.
Bis heute suchen Diebe
nach versteckten Schätzen.
Inzwischen sind sogar
alte Gefäße,
Statuen und Malereien
sehr viel Geld wert.
Es ist aber verboten,
diese auszugraben und zu verkaufen.

Welcher Fund wurde weltberühmt?

Forscherinnen und Forscher suchen bis heute nach unentdeckten Gräbern. Denn die Funde erzählen viel über die damalige Zeit. Auch der Brite Howard Carter suchte vor etwa 100 Jahren ein Pharaonen-Grab. Im „Tal der Könige" gruben er und seine Helfer jahrelang erfolglos.

Ein letztes Mal bekam er Geld
für seine Ausgrabungen.
Endlich fanden die Arbeiter
Stufen zu einer geheimnisvollen Tür.
Dahinter verbarg sich
das nahezu unberührte Grab
des Pharaos Tutanchamun.
Eine einzigartige Entdeckung!
Etwa zehn Jahre dauerte es,
bis alle Schätze aus dem Grab
geborgen wurden.

Die Mumie im Sarg war teilweise zerstört.

Viele Menschen wollten beim Ausräumen zuschauen.

Was fand man im Grab von Tutanchamun?

Schon mit acht oder neun Jahren
wurde Tutanchamun zum Pharao gekrönt.
Weil er mit etwa 19 Jahren starb,
hatte er kaum Zeit
ein bedeutender Herrscher zu werden.
Berühmt wurde er nur,
weil Carter 1922
sein fast vollständiges Grab fand.

In den unterirdischen Kammern
verbargen sich
goldene und vergoldete Schätze:
eine Totenmaske, ein Thron,
Betten, Streitwagen, Statuen,
Schmuck und vieles mehr.
Insgesamt fanden Carter und seine Leute
mehr als 5000 Gegenstände.
Man kann sich nur vorstellen,
wie viel prächtiger die Grabstätten
von wichtigen Pharaonen gewesen sind.

Vier Kammern gehörten zu Tutanchamuns Grab.

Tutanchamuns Kopf und Brust waren von so einer Maske bedeckt.

Überall auf der Welt berichteten Zeitungen über den Fluch.

Wer starb durch den „Fluch des Pharaos"?

In einigen Gräbern standen magische Sprüche an den Wänden. Sie sollten den Pharao unter anderem vor Dieben schützen.
Angeblich gab es so einen „Fluch des Pharaos" auch im Grab von Tutanchamun.
Dort soll gestanden haben:
„Der Tod kommt zu denen, die die Ruhe des Pharaos stören."

Bei einem Film über Tutanchamun soll der Fluch mehrere Unfälle verursacht haben.

Doch von dieser Inschrift
fehlte später jede Spur,
obwohl alle gefundenen Gegenstände
fotografiert wurden.
Deshalb existierte sie wohl gar nicht.
Trotzdem glaubten die Menschen damals,
dass mehrere Leute
wegen dieses Fluchs starben.
Wahrscheinlicher ist,
dass dies alles
einfach zufällig passierte.

Carters Vogel starb kurz vor der Graböffnung. Das galt als böses Omen.

Leserätsel

1 Fülle die leeren Felder mit Silben.
Pro Zeile, Spalte und buntem Rechteck
darf jede Silbe
von RAUBGUT und STRAFE
nur einmal vorkommen.

	GUT	FE	
RAUB			STRA
FE			GUT
	RAUB	STRA	

2 Was gehört zusammen?
Verbinde die Wörter mit Linien.

SCHATZ	PARTY
WERT	KAMMER
GEHEIM	PILZ
MUMIEN	TÜR
SCHIMMEL	VOLL

3 Findest du die Schatzkammer?
Verbinde die Buchstaben auf dem Weg
und schreibe unten auf,
was dort versteckt ist.

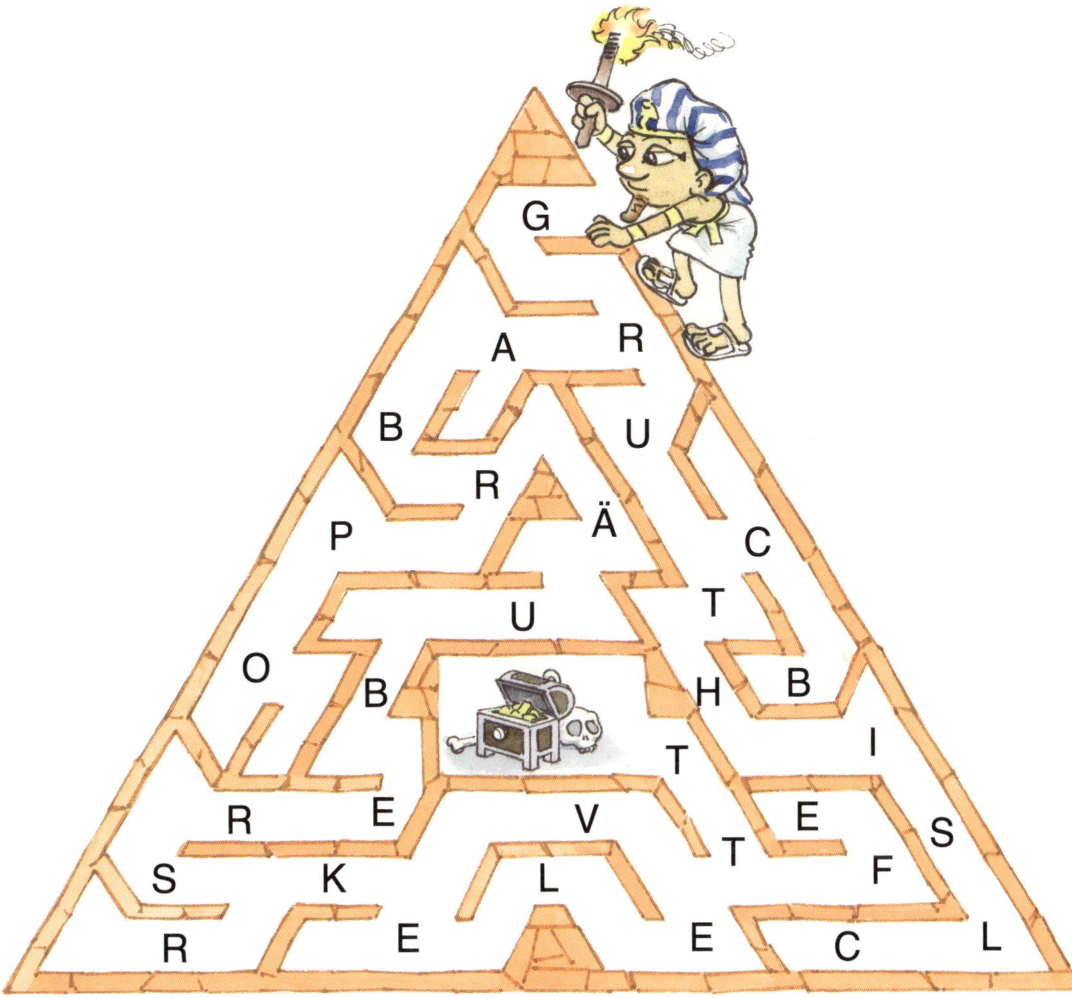

Schätze zum Stickern

Welcher Kopf gehört zum Wandbild?

Klebe hier die kleine Statue ein.

Hier fehlt das Ende der Schriftrolle.

Der Forscher fotografiert ein kleines Schiff.

Die Taschenlampe leuchtet auf eine zerbrochene Statue.
Klebe hier das große Gefäß hin.
Der Kopf von Anubis fehlt.

Wie erforscht man das alte Ägypten?

Was machen Ägyptologen?

Ägyptologinnen und Ägyptologen suchen seit über 200 Jahren wie Detektive Spuren aus dem alten Ägypten. Zum Glück haben die Menschen damals vieles aufgeschrieben oder aufgemalt. Deshalb finden Ägyptologen bis heute immer neue Hinweise in Gräbern und Ruinen.

Die Ausgrabung ist nur ein Teil der Arbeit.

Ägyptologen fotografieren Funde und zeichnen sie genau ab. Dabei fallen noch mehr Einzelheiten auf.

Die Fundstücke werden untersucht.
Zusammen mit Forschenden
aus anderen Bereichen
beschäftigen sich Ägyptologen
mit offenen Fragen:
Woran ist Tutanchamun
gestorben?
Wie einflussreich war Nofretete?
Was zeigen die Wandmalereien?
Ihre Erkenntnisse zeigen,
wie die Menschen damals lebten.
Daher wissen wir heute zum Beispiel,
dass schon Kinder Bier tranken.

Wie erkennt man Fälschungen?

Ägyptologen prüfen genau,
ob ein Gegenstand
echt oder nachgemacht ist.
Oft erkennen sie
eine Fälschung
schon an der Verarbeitung.
Sind sie sich unsicher,
bestimmen sie
das Alter des Fundes.

Niemand weiß es sicher:
Ist die berühmte Büste
von Nofretete
wirklich echt?

Ägyptologen untersuchen das Material und vergleichen den Fund mit anderen.

Dafür nutzen sie
ein kniffliges Verfahren.
Dieses verrät ein Alter
von bis zu 50 000 Jahren.
Bei Gegenständen aus Holz
können auch Jahresringe
Auskunft über das Alter geben.
Ein Blick durchs Mikroskop
hilft bei Metallen weiter.
Deren Verarbeitung
hat typische Spuren hinterlassen.

Warum muss eine Mumie ins Krankenhaus?

Früher mussten Forschende
Mumien auswickeln,
um die Körper darin zu untersuchen.
Sie wollten erfahren:
Wie alt wurde die Person?
War es ein Mann oder eine Frau?
Wie sah sie aus?
Heute kommt eine Mumie
für die Untersuchung ins Krankenhaus.

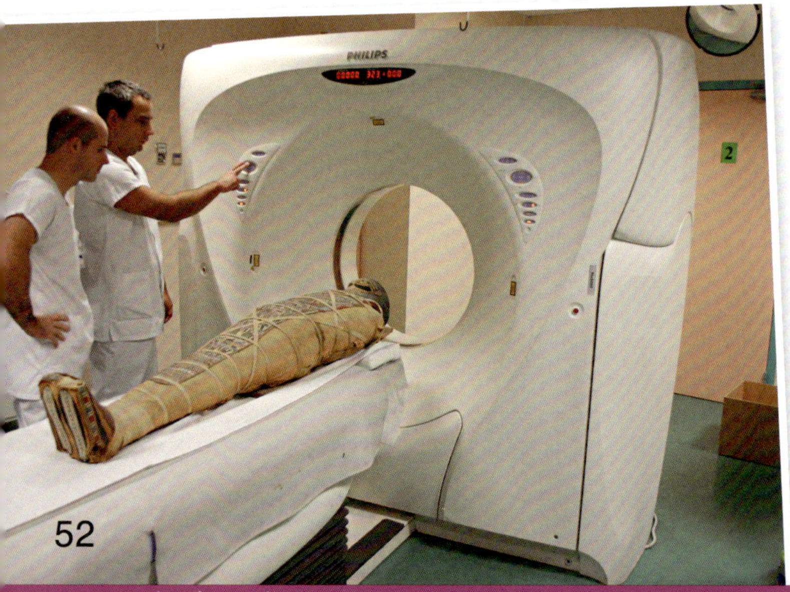

Das Gerät zum Durchleuchten heißt Computertomograf.

Auf dem Bildschirm wird der Mensch sichtbar, ohne die Mumienhülle zu zerstören.

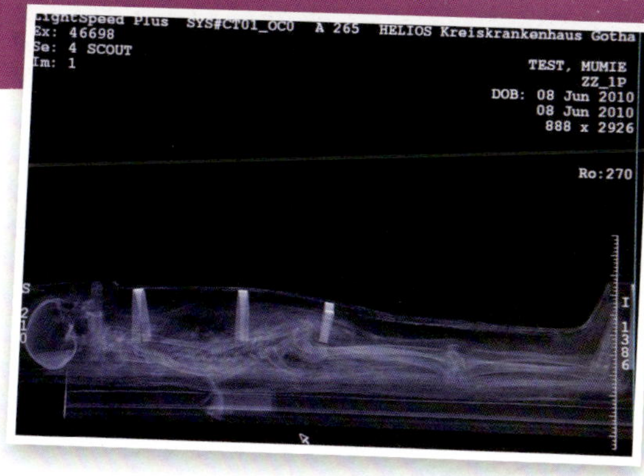

Dort wird sie
in ein medizinisches Gerät geschoben.
Das durchleuchtet den Körper
und schickt die einzelnen Bilder
an einen Computer.
Dieser setzt sie
zu einem 3-D-Bild zusammen.
Bei einigen Mumien
nehmen Ägyptologen
zusätzlich eine Probe.
Sie verrät zum Beispiel,
welche Krankheit die Person hatte
und was sie gern gegessen hat.

Die wertvolle Mumie wird vorsichtig untersucht.

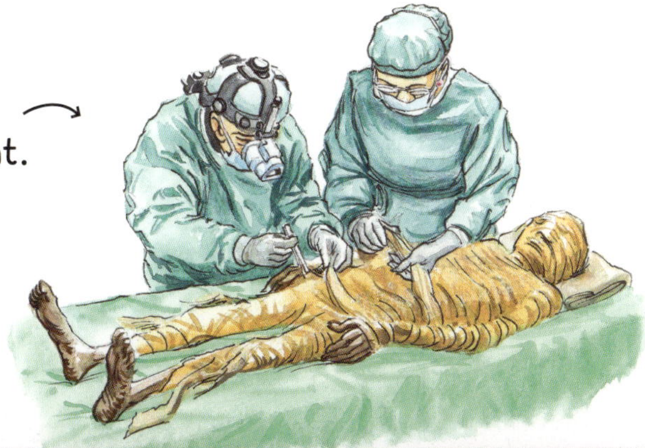

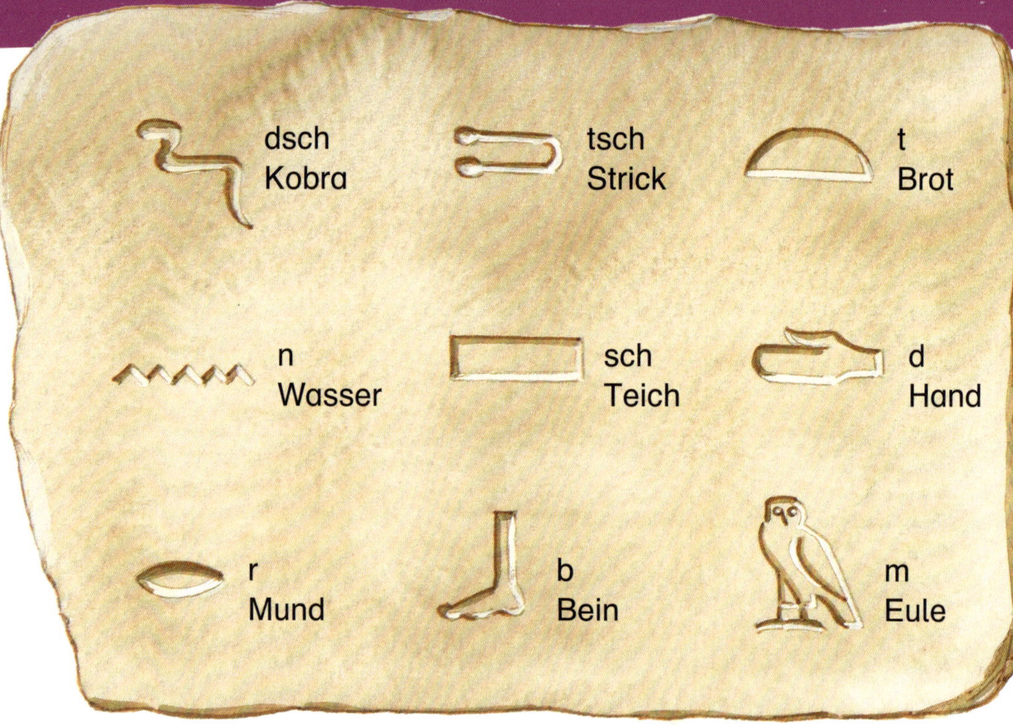

Es gibt etwa 7000 Hieroglyphen.

Was sind Hieroglyphen?

Die alten Ägypter kannten unsere heutigen Buchstaben und Zahlen noch nicht. Stattdessen nutzten sie besondere Schriftzeichen. Diese heißen Hieroglyphen. Lange Zeit wusste niemand mehr, wie man sie liest.

Vor etwa 200 Jahren entschlüsselte ein französischer Gelehrter die ägyptischen Schriftzeichen. Er fand heraus: Ein Zeichen steht entweder für das, was es zeigt, zum Beispiel ein Brot. Gleichzeitig kann es für einen Laut stehen, beim Brot ist es das T. Mit der Zeit entwickelten die Ägypter eine vereinfachte Schrift. Diese ähnelte den Hieroglyphen kaum noch.

Blicken abgebildete Figuren nach links, liest man von links nach rechts. Es gibt auch den umgekehrten Fall.

Leserätsel

1 Welches Wort gehört nicht dazu?
Streiche es durch.

Ägyptologe
Forscher
Detektiv
Koch

ausgraben
wünschen
zeichnen
entdecken

echt
falsch
unecht
gefälscht

Mumie
Krankenhaus
Tasche
Untersuchung

2 Welches Wort fehlt?
Schreibe es in die Lücke.

Kinder durften _ _ _ _ _ trinken.
Ein Gerät durchleuchtet die _ _ _ _ _ _ .
Ägyptologen sind wie _ _ _ _ _ _ _ _ _ _ _ _ .

3 Kannst du den Text aus Schriftzeichen entschlüsseln?

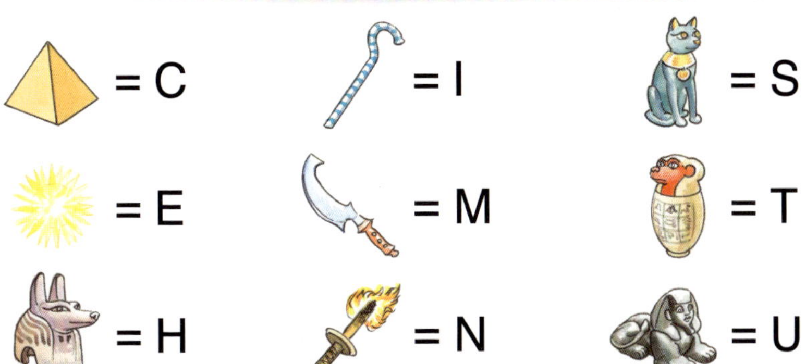

Lesequiz

1 Wo befand sich das alte Ägypten?

a) in Nordafrika

b) in Südeuropa

c) in Westasien

2 Was machte ein Pharao nicht?

a) Gesetze erlassen

b) Kleidung nähen

c) das Heer befehligen

3 Wer war Kleopatra?

a) die erste Pharaonin

b) Ägyptens letzte Herrscherin

c) die beliebteste Göttin

4 Wo lebten angeblich Götter?

a) in der Pyramide

b) im Himmel

c) im Tempel

5 Wofür diente Salz bei der Mumifizierung?

a) zum Austrocknen

b) als Opfer für die Götter

c) zum Unterdrücken von schlechten Gerüchen

6 Welche Strafe erhielten Grabräuber?

a) Sie mussten Geld zahlen.

b) Sie durften nie wieder sprechen.

c) Oft wurden sie hingerichtet.

7 Mit wem sind Ägyptologen vergleichbar?

a) mit Bauarbeitern

b) mit Detektiven

c) mit Künstlern

Lösungen

Seite 16/17

1

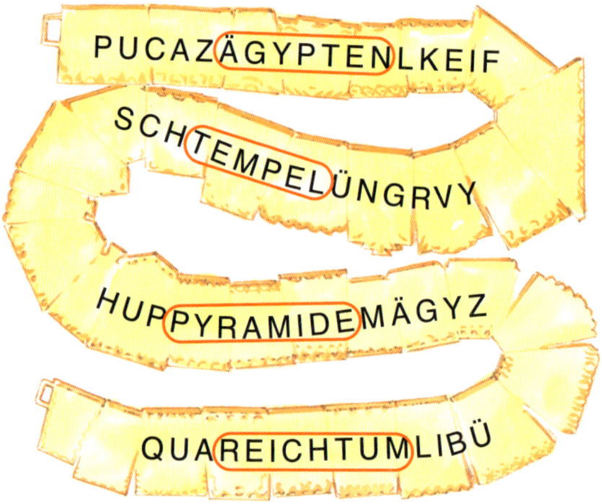

2 Nordafrika
Herrscher
Sandalen

3

P H A R A O

P R I E S T E R

W E S I R

G Ö T T E R

Seite 30/31

1 Grab
Bauwerk
Kammer
Mumie
Statue

2

5 Er wird in Binden gewickelt.

2 Sie entnehmen Organe.

4 Er wird einbalsamiert.

1 Priester waschen den Pharao.

3 Der Körper trocknet.

3

opfern 2

weiterleben 4

Grabkammer 3

tot 1

Seite 44/45

1

STRA	GUT	FE	RAUB
RAUB	FE	GUT	STRA
FE	STRA	RAUB	GUT
GUT	RAUB	STRA	FE

2 SCHATZKAMMER
WERTVOLL
GEHEIMTÜR
MUMIENPARTY
SCHIMMELPILZ

3

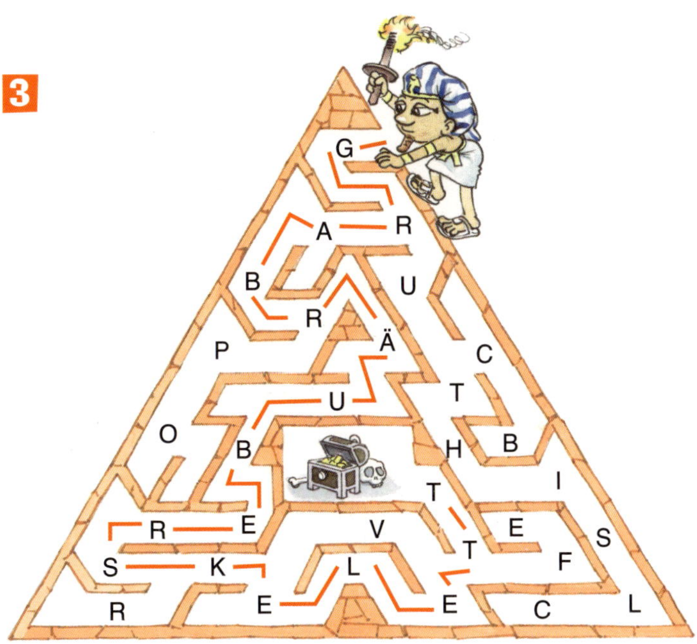

Lösung: GRABRÄUBERSKELETT

Seite 46/47

Seite 56/57

1

Ägyptologe
Forscher
Detektiv
~~Koch~~

ausgraben
~~wünschen~~
zeichnen
entdecken

~~echt~~
falsch
unecht
gefälscht

Mumie
Krankenhaus
~~Tasche~~
Untersuchung

2 Kinder dürfen BIER trinken.
Ein Gerät durchleuchtet die MUMIE.
Ägyptologen sind wie DETEKTIVE.

3 MEINE MUMIE IST UNECHT

Seite 58/59

1 a)
2 b)
3 b)
4 c)
5 a)
6 c)
7 b)

ERSTLESER

Spielerisch lesen lernen

Wieso Weshalb Warum

Weitere Informationen unter:
www.WiesoWeshalbWarum.com

Klebe an dieser Stelle
einen Briefumschlag ein.
Benutze dazu einen Klebestift
und beachte seine Kennzeichnung.
In dem Umschlag kannst du
die ausgeschnittenen Karten
aufbewahren.
So geht nichts verloren.

Leselotto

Anleitung

Schneide die 24 Karten
mit einer Bastelschere aus
und mische sie.
Lege sie dann
mit der Vorderseite nach oben
vor dich hin.
Welcher Text
beschreibt welches Bild?
Die Rückseiten der richtigen Paare
haben dieselbe Farbe.
So kannst du prüfen,
ob alles stimmt.

Bildnachweis

Abkürzungen:

oben (o.); unten (u.); links (l.); rechts (r.); Mitte (m.)

Cover: Adobe Stock: swisshippo (o.), frag (u.)

Adobe Stock: Pius Lee (4, 21 r.), Michael (7 r.), Stig Alenas (13 l.), marinadatsenko (19), Spiroview Inc. (28 l.), tr3gi (34/35), Dieter Hawlan (41)

Picture Alliance: Liszt Collection (29), Picture Alliance (37), TopFoto (39 l.), Leemage (39 r.), Reuters/AMR Abdallah Dalsh (51), akg-image/Marc Deville (52), dpa/Martin Schutt (53), Zoonar/Kokhanchikov (55)

Wikimedia Commons: Savingfutures/CC-BY-SA-3.0 (9), Metropolitan Museum of Art/CC-Zero (11 l.), José Luiz Bernardes Ribeiro/CC-BY-SA-4.0 (11 r.), André Alliot/ CC-BY-SA-4.0 (13 r.), Jon Bodsworth (15), Michael Caven/ CC-BY-2.0 (21 l.), Rob Koopman/CC-BY-SA-2.0 (25), Larazoni/CC-BY-2.0 (27), Metropolitan Museum of Art/ CC-Zero (28 r.), Giovanni/CC-BY-2.0 (50)

Sonstige: Kathrin Gabler (49)

Herrscher über das ägyptische Reich	Zeichen der Herrschaft eines Pharaos	Wichtige Personen, die den Göttern dienten
Wohnung eines ägyptischen Gottes	Grab eines Pharaos	Getrockneter, balsamierter und in Binden gewickelter Leichnam
Damit wurde das Gesicht eines Toten bedeckt.	Farben, um das Gesicht zu bemalen	Ein Löwe mit dem Kopf eines Menschen
Forscher, der Spuren aus dem alten Ägypten untersucht	Gerät zur Vergrößerung	Alte ägyptische Schriftzeichen

Pharao
[sprich: Fara-o]

Krummstab

Priester

Tempel

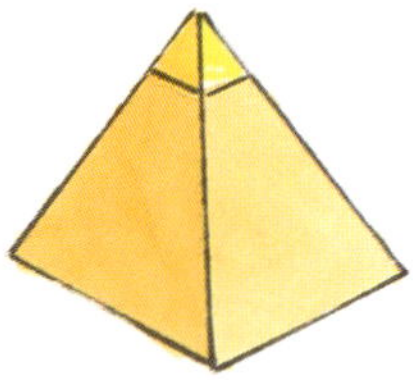

Pyramide

Mumie

Totenmaske

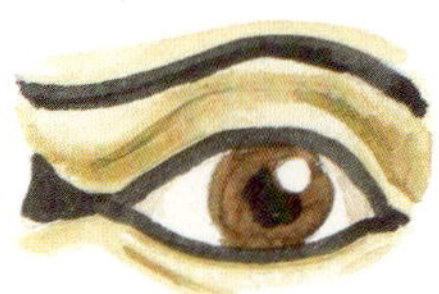

Schminke

Sphinx
[sprich: Sfinks]

Ägyptologe

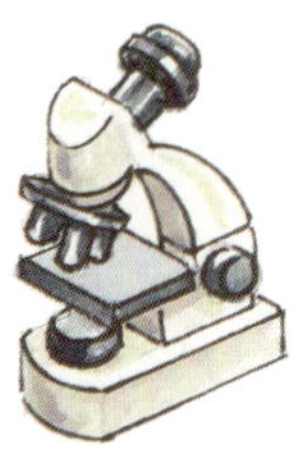

Mikroskop

Hieroglyphen
[sprich: Hiroglüfen]